JN440737

고향의 노을

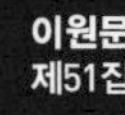

고향의 노을

이원문 지음

책나무

| 차례 |

제2부

제3부

제1부

양지

봄날에 파릇파릇
여름날에 뜨겁고
씨앗 영그는 가을날
바람 불어 서늘하다

눈 녹이는 겨울날
어찌 양지 녘에 눈이 쌓일까
암탉에 수탉 막둥이 코흘리개
수다 떠는 이웃 어른들은 이곳을 안 찾을까

담 밑에 앉아 짚 추려 새끼 꼬고
고무줄놀이에 계집아이들 싸우는 소리
검둥개 누렁이 소
지팡이 쥔 할머니도 한몫한다

겨울 장날

하천 둑에 장작불 골목 가마솥 순댓국
건너편 눈밭에 우시장의 누렁이 소
무엇이 잘못됐나 홍정꾼들 싸우는 소리
또 한곳 약장수의 마음 빼앗는 건강 입담
뱀 파는 뱀 장수의 웃기는 어른 이야기
따라간 아이들이 뭔 소리인 줄 알겠나
궤짝의 새끼 돼지 누구의 손 기다리나
강아지 꾸물꾸물 어미 찾는 소리

닭 다리 엮어 든 할아버지의 술주정
쌀 됫박 이고 가는 할머니의 굳은 표정
골목골목이 무엇인들 안 팔겠나
볼 것에 사람 구경나온 물건의 보따리 구경
대장간의 불구경 뻥튀기 다 됐다 뻥 하는 소리
한곳에 썰렁하니 약초 나물 파는 아짐니
애호박 늙히는 듯 딸 아이 시집 걱정
솜틀집 앞 포목점 누가 저리 예단을 뜨고 있나

윷가락 인생

누구의 윷가락이 더 매끄러울까
깎아 만들어 다듬어준 이는 누구였고
고와도 거칠어도 던져야 하는 윷
던져보면 마음대로 안 되는 것이 윷가락 아닌가

가는 길 말판은 어떻게 써야 하나
누구의 훈수가 옳고 잘못되고
모가 나와도 잡히고 도여도 잡히는 윷
그 가운데 개 걸 윷 그것은 안전할까

잡고 잡히는 말판 같은 인생
업고 잡으려다 잡히는 것이 더 많고
훈수 들던 이들 다 어디 갔나
잡힌 말에 던진 윷도 다 내 것인데

영혼의 노을

묻은 때 버리고
눈 안의 것 지우는 날
내 것이 있다면
무엇이 내 것인가
당신의 것이 있다면
무엇이었습니까

한 치 앞에 놓여 있는
욕심의 그것들
내 앞에 이것도
욕심의 것이고
당신 손에 쥔 것도
그 욕심의 것이 아닌가요

내 것도 네 것도
그날 앞에 놓이는데
많고 적다 담은 소리
그 소리 왜 담았나
담은 소리 못 버리고
흘려도 남을 것을

눈사람

함박눈 소복이
끝이 어디인가
내디뎌 걷다 보면
모두가 하얀 세상

어디쯤 왔나
되돌아갈까
한 줌의 눈 굴려
디딘 자국 지우고

굴려온 두 눈덩이
작은 덩이 올린 다음
나무 떼기 꺾어 쥐고
눈 코 귀 만든다

배불뚝이

누구네 집 새댁이
저리 배가 부를까
만삭에 잡힌 날
걱정될 것인데

고추 달린 인줄 보고
방물장수 하는 말
이 집도 손이었네
혼자 중얼거린다

밤낮에 고요한 밤
보채는 자정의 밤
이웃 집 할머니
등불 들고 찾아간다

가랑잎의 고향

바람 부는 것으로 보아
또 가랑잎이 날리겠지
쓸어 모으면 날려 오고
쌓아두면 흩어지고
어서 그렇게 날려 오는지
뜨락으로 우물 둥치
마루 밑 속까지
안 들어가는 곳 없으니

수수깡 울타리는 안 그렇겠나
귀찮게 그리 날아드는지
메갓에 쌓이면 나무라도 해 때는데
아궁이에 태워도 어서 그리 날아드나
그래도 오동잎은 커다라니 줍겠는데
흩어진 작은 잎은 그럴 수도 없고
눈 쌓이면 눈에 덮여 안 날리려나
그래도 눈 녹으면 또 날릴 것인데

겨울 생각

음지 되는 양지 녘

바람 들어오고

집으로 들어가라

해가림 구름 온다

해 질 녘 뉘엿뉘엿

놀던 닭 제 집 찾고

저녁연기 모락모락

문밖 식구 부른다

굴뚝의 12월

한 해 남은 마지막 달
첫날은 새로운데
남은 며칠의 한 해는
서운하기만하다

나무 위의 까치도
나를 바라보는 것 같고
바라보는 나뭇가지 또한
전과 같이 쓸쓸히 보인다

굴뚝의 연기는 안 그렇겠나
우리 초가의 그 시절을 보여주는 듯
일터 굴뚝의 연기 그렇게 오르니
그 연기에 젖어든 나 가슴이 아프다

겨울 시집

첫닭 울어 부엌에 들어가니
부뚜막 위 쥐 손님
설거지 남긴 흔적 있고
밝힌 등불에 보이는 부엌
이 그을린 집이 나의 집인가

물 솥에 물 데우고
밥솥에 쌀 앉히니
타들어간 부지깽이
땔 나무만 태웠나
시아버지 큰 기침에 깜짝 놀랜다

머슴의 하늘

오늘도 없고 내일도 없다
먼 훗날은 저 하늘 선세경에 들어 있고
산으로 들로 하루의 삶은
곁방 구석 아랫목 천장 보고 누워 있다

쟁기질 쉴 참에 찔레꽃 바라보노라면
덮이는 음지여도 벌 나비 날아들고
점심참 저녁 무렵 다시 들여다보면
쟁기 메고 떠날까 아쉬움에 떨고 있다

어느새 뻐꾸기 뜸북새 우는 들
그 잠깐 그 꾀꼬리 튼 둥지 어디 갔나
추수 끝난 시월 그믐 낙엽 떨어지는 밤
또 한 번의 선세경 겨울을 기다린다

시골 놀이

먼 추억으로 떠나는 고향의 여행
어린 시절 아이들과 무엇 하고 놀았나
봄놀이에 여름 놀이 그리고 가을
못 잊을 겨울은 그렇게 시려웠고
시려워도 그 놀이에 추운 줄 몰랐던 날

놀다 보면 상처가 몸에만 있었겠나
낳은 몸의 상처는 흉터가 되고
마음의 상처는 아직 아물지 않았다
어린 시절 그 시간이 인생을 가르치던 날
그 삶의 방법을 어디에 적었나

소나무의 상처

불지 마라
바람아 불지를 마라
소나무에 스치면
여름이어도 춥단다

겨울날 네 소리에
문풍지 울고
살 도리는 너의 소리
누가 듣고 잠이 들까

한낮에 너의 소리
두른 옷에 스며드니
군불의 저녁연기
아궁이로 나온단다

고향 응달

쌓인 눈 위 쌓이는 눈
봄바람 기다리고
찾던 노루 양지 찾아
먼 산 바라본다

어디에서 왔는지
찾는 곳이 어디인지
그곳은 추워 싫었을 뿐인데
그 응달 나를 기다리지 않을까

찾은 샘물에 바람 불어
시원했던 그 응달
양지 없는 그 기슭
누가 그곳 찾아갈까

두 번의 첫눈

처음의 미운 첫눈

그날따라 가버리고

오늘의 이 첫눈

설레임 반 미안하다

잊지도 잃지도 영원하자던 날

또 한 번의 그날이 영원할 수 있을까

처음인 척 첫눈에게 거짓 하는 마음

표정 정리의 설레임 첫눈에게 부끄럽다

슬픈 노래

앞만 보고 걸어온 길
내디딘들 무엇하나
외로운 나그네 나그네의 길
웃을 때 일가친척 이웃이라 하고
눈물일 땐 모두가 남이라 하는 것을

맑은 날에 궂은 날 비 내려 옷 적시고
내린 눈에 쌓인 눈 눈도 털어 보았다
다 나를 위한 남을 위해 우산 든 이들이었고
그러다 남 없으면 내 몸부터 털고 씌우며 가더라
이것이 인생이고 친척에 웃음 나눌 이웃이란 말인가

촛불 시위

뜻 모은 200만의
옳고 그름의 그 함성
그것도 6번째
전국으로 퍼져간 날
누가 잘하고 누가 잘 못했나

단 1장의 투표로
우리가 뽑은 대통령님
나라 위해 잘한 것이 하나도 없단 말입니까
어찌 잘못한 것만 그 촛불에 밝혀진단 말입니까
아이 어른 비웃음의 밤하늘에 그 함성

뽑아드리기 위해 은혜를 드렸으면
잘해달라 빌어드리며 그것으로 끝나야 했고
잘 보좌해드리겠다 약속했으면 그 또한 약속을 지켜야 하지 않겠습니까
어려운 나라 살림 오늘날 이것이 다 무엇이란 말입니까
촛불 든 우리도 대통령님의 보좌진도 대통령님과 함께 뉘우칩시다

박근혜 대통령님께

존경하는 박근혜 대통령님
어찌 이런 실수가 있으셨습니까
당선 전 이웃의 정 하나 끊지 못한 실수에
그 대가를 치루어야 하는 200만 촛불 든
국민의 몰매에 마음고생 많으셨지요
나눈 정을 이용하는 그분들도 나쁘고요
청와대 문안이 어떤 곳인지
그분들이 몰랐을까요
임명한 보좌진 그분들도 그렇고요
밑에서 막아주고 좌우에서 정리하였더라면

오늘날 이런 일이 없었을 것을요
대통령님께서 그분들과 끊지 못할 정이라면
임기 만료까지 대통령님의 입장이 곤란하지 않도록
임명한 보좌진들이 조금이라도 대변해 드렸어야
이런 사태가 일어나지 않았을 것이 아닌지요
대통령님께서 임기 끝나면 얼마든지 만날 수도 있고요
국정에 나라 살림 얼마나 할 일이 많으셨습니까
그동안 말 못 할 사연도 있으셨겠지요
누구든 탓을 하고 들춰낸다면 흠 없는 사람이 어디 있겠어요
박근혜 대통령님
탄핵이 되든 하야를 하든 그 이상 임기 만료가 되든

대통령님의 건강과 안녕을 빌어 드립니다

2016 . 12 . 8　　이원문 드림

고향 그림

짚까리에 앉아 먼 메갓 바라보노라면
하늘 높이 매 한 쌍 앞산 기슭 맴돌고
울던 꿩 숨죽인 듯 매를 보았나
흰 띠 두른 다랭이 논 쌓인 눈 못 녹인다

봇도랑 위 아이들 썰매 타는 소리
저 안쪽 형아들 웅덩이 퍼 고기 잡는 소리
나뭇짐 내려놓은 우리 아부지 무엇을 바라보나
기와집 머슴 아저씨 매가 잡은 꿩 빼앗다 옆구리에 차고 온다

어머니의 겨울

우리들이 그날을 기억 하겠나
세월에 덮여 간 어머니의 희생을
땟거리 없어도 아궁이에 불 피워야 했고
부족해도 나누어 우리 먹여 살린 어머니

굴뚝의 연기가 굴뚝으로만 나왔겠나
아궁이로 나올 때 잿 몰고 나왔다
몰아치는 칼바람 부엌문 열어놓고
뜨거운 그 잿 어머니 눈물에 섞였다

제2부

희미한 그날

저 먼 섬 저곳에
누가 사는지
호롱불 가물가물
나 어릴 적 섬이었다

지나는 놀잇배
북소리 둥둥둥둥
에헤야~ 에헤야~
징 소리 들려오고

보이는 돌섬 지나
황포 돛 멀어지면
뒤 따르는 갈매기
맴돌던 섬이었다

꿈속의 아이들

봄 안개에 가려 보이지 않는 들
걷히기를 기다리며 아이들 놀이한다
걷히면 아지랑이 보리밭으로 오르고
바구니 든 언니들 그곳으로 뛰어간다

아카시아 꽃 떨어지던 날
작년 봄 뻐꾸기 앞산 찾아 울었고
칠월 논 벼 잎새에 울던 뜸북이
그 뜸북새 떠난 다음 참새 떼가 찾았다

가버린 그 시간 철새의 세월
이 한겨울 저 눈밭 어느 철새가 찾을까
드러난 논바닥 흰 눈으로 덮인 시간
집집마다 저녁연기 저 하얀 들 바라본다

겨울 그림자

까막 고무신에 밟은 눈 들어오면

발 시릴까 털어 주던 나의 그림자

짚까리 별 쬐러 가자 조르던 그림자

불어오는 바람이 무서웠던 날

그림자는 구름이 무서워

내 몸 안으로 숨었다

꽃의 일기

양지꽃이 예쁜들
음지의 꽃만이나 할까
가냘피 흘린 이슬 음지의 그 꽃을

누가 보면 꺾은 이
안 꺾은 척 양지로 눈 돌리고
음지의 꽃 외면하며 다시 찾는다

양지의 꽃 음지의 꽃
다 같은 꽃이련만
음지의 꽃은 어찌하여 안 꺾은 척 해야 하나

꺾일 것 꺾이며
음지의 꽃으로 피었을 뿐인데
그래도 그 미련에 다 꺾어 가겠지

뜨락의 슬픔

여름보다 더 낮은

지붕 위의 은하수 길

북두칠성 마중 나와

하얀 눈 밭 내려본다

반달에 어리는

마당 끝 하얀 눈밭

그리운 우리 엄마

나와 함께 그려본다

사랑의 뜰

속임의 세상의 것
이것이 사랑인가
둘만의 눈물은
아니겠지요

속는 줄 알면서
뜨락에 피어난 꽃
그 앉힌 이슬도
속임의 것이었나요

뜨는 해에 바람 불어
이슬 마르고
지는 해에 낙화 되니
속은 것이었고요

둘만의 사랑
두 눈에 흐른 이슬
그 이슬 영원히
마르지 않겠지요

첫닭 울음

사나흘 전 아픈 몸
며칠이나 갈까
들리는 통곡 소리
첫닭 울음에 멈추고
남은 하루 그 첫닭
쌓아둔 정 지운다
앞산 꽃에 버드나무
춤 띄우면 낳을까
칠팔월 구월 지나
밝은 달에 낳을까
아프다 해도
알아듣지 못하는 식구
보름 전 지난 세월
눈치가 가리는 구나
뜬 눈에 가는 길
가는 줄 아나
쓰다듬어 내린 눈이
방 안 곡소리를 듣기를 하나
하루도 아니고
남은 시간 첫닭 울음
지친 통곡 잔정에
아이들 훌쩍인다

문밖 상여꾼
해장술 먹는 소리
감은 눈에 그 소리
설기도 서럽구나
마지막 솥뚜껑
사자 밥 짓는 소리
저 소리 끝나면
상여에 올라야 하나
눈 감은 어두운 방
가는 길은
무엇이 밝혀 줄까
나 오던 쌍가마 길
그 길에 꽃 피겠지
울고 웃던 이웃의 정
그 집에 들리려나
북망산천이 멀다더니
저 뒷산이 그리 멀었던가
개울 건너가는 길
나 호미 놓던 곳 들리고
보릿고개에 늘려 오는
사발 속에 담긴 정
그 가닥 하나 떼어

막내 사발에 얹어주고
나 뒷산 길 돌아 서면
그 귀찮은 정 모두 거둬
다음다음 석삼일 되는 날
싸우지덜 말고
나누어 끓으려무나

겨울 꽃

눈꽃보다
아름다운
추억의 여름 꽃

봄꽃보다
더 예쁜
우리 둘 인연의 꽃

디딘 발
한 발자욱 더
돌아보며 남긴다

도라지 꽃의 송년

칠월의 도라지 언덕
흰 눈으로 덮이고
내려놓은 나뭇짐
뜸북이의 들 바라본다

목으로 기어오른
송충이 털던 날
나뭇짐에 흐른 땀이
저 하얀 들을 기억할까

눈물 섞인 나뭇짐
허기의 여름 스쳐가고
도라지의 이 하얀 언덕
그믐 석양에 저물어간다

달력의 송년

365일이라 평생을 들은 날
1장 달력의 1달은 세어보았어도
12장 안 1년은 세어보지 못했다
기후로 느끼고 날씨로 점쳐온 날

밀고 당긴 즐거움에 이 괴로운 날들인가
손가락 안 즐거움이 며칠이나 있었나
노동 시간의 하루였고 지친 몸에 보내야 했던 날
찢어도 더 힘든 날이 올까 항상 두려웠었다

욕심에 얼룩진 날 빨간 글씨로 덮어주고
1장 남은 마지막 날은 돈으로 덮었는데
그것도 다 못 덮어 미리 당긴 하루였다
날짜는 충분한데 시간이 부족한 것인지

아니면 돈 욕심이 괴롭히는 것인지
그것도 아니면서 살아남으려는
이 사회의 경쟁이 그렇게 괴롭힌다
그 며칠 즐거워도 경쟁 위한 즐거움이었고

절기에 피는 꽃 하늘 한 번 제대로 못 본 날
덥다 뜨겁다 춥다 시렵다

이래저래 다 빼앗긴 마지막 달이 저무는가
먹기 싫은 나이만 슬그머니 찾아든다

마음의 송년

어제의 송년은
내일을 위한 한 해였고
오늘의 이 마지막 달에 가는 한 해는
내일 없는 절망의 인생이 저무는 해다

조용히 돌아보는 마음
저 나뭇가지에 걸치는 그 세월의 옛날인가
한 해가 아니라 평생이 걸쳐지고
그 보낸 지난날에 내일이 궁금하다

오늘도 예측 못 해 삐뚤어지는 시간
눈 감은 저녁에 맞춰서 잠들어야 하고
일어난 아침이면 또 삐뚤어질까 겁이 난다
내일이 있겠는가 아니 무엇이 내일인가

마음은 거슬러 옛날을 찾는데
욕심과 몸뚱이는 왜 앞으로만 가려고 하는지
늙은 몸에 때 벗기면 그것이 젊음인가
남은 내일을 잘 알면서 젊을 것처럼

움츠러드는 몸 다음이 있는가
어느 것이 다음이고 내일이 무엇인가

어제 오늘 모은 하루 서산에 올리니
넘는 해 지우며 노을에 태운다

새벽 커피

입김에 서린 잔
뜨거워 불고
캄캄한 새벽
샛별 보며 마신다

어둠의 먼 하늘
머리 위 가까운 별
말(馬) 고삐 움켜쥐고
말(馬)과 함께 마신다

산사의 송년

천 년의 그 일 년
기우는 해 넘는구나
내려앉은 기왓장 밑
마른 풀 날리고

풍경 소리 물소리
변함없건만
보는 중생 듣는 부처
무엇을 바라보나

법당 뜰 가랑잎
바람이 굴리고
서산 넘는 지는 해
그 하루가 되는구나

장롱의 송년

올 한 해도 저무는가
행사 많은 마지막 달
마주할 사람이 누구인가
그 나이에 이 나이
장롱 속 거울에 내 나이를 맡긴다

줄여서 젊고 싶은 만남의 사람들
거울은 이 나이를 그대로 비춰줄까
아니면 아껴온 옷이 더 줄여 감춰줄까
더듬어 잡은 옷 입을 것 안 잡히고
더 아낀 옷 만져보니 잡은 손이 부끄럽다

지난 작년 한 해는 머리 내려 감추고
바른 분장에 이 옷들이 속여 주었는데
올 한 해 이 해에는 모두가 외면한다
옷 색깔 모델이 아껴준 줄 모르더니
거울은 길고 짧다 어서 벗어라 마음을 찌른다

속이려는 내 나이 속이면 젊어질까
아니면 만남이 몇 살 젊다 내려 줄까
장롱 안 이 세월의 먼지 처음도 그랬었나
아껴온 어느 옷이 속인 세월을 부를까

신발장 안 빨간 구두 쭈빗쭈빗 부른다

메꽃의 송년

감아 오른 삭쟁이는

끝이 있었는데

뻗어 나간 언덕은

끝이 없었다

더 오르지 못하고

멈춰야 했던 시간

있는 끝없는 언덕

무엇이 다를까

삭쟁이에 오른 넝쿨

석양에 춥고

메꽃의 저문 언덕

저녁연기 바라본다

둑방길

휘파람 소리 들려도 못 들은 척 지나던 곳
누가 저리 숨어 부나 알 것 같은데
돌아보면 눈 마주칠까
앞만 보고 그냥 간 길

징검다리 건너며 냉이 씻던 곳
누가 부는 하모니카일까 알 것 같은데
멈춰서 올려보면 그 오빠 같아
들었어도 못 들은 척 디딘 걸음 늦췄던 길

보리밭 옆 그 둑방길 찔레꽃 피던 곳
누가 밤에 꺾을까 알 것 같은데
소문나면 못 꺾을까
숨어 숨어 찾았던 길

서산의 송년

누구의 마음이 저 산을 넘을까

짚까리의 저녁 양지 바람 들어오고

쬐던 불 피우니 매운 연기 휘젓는다

눈으로 들어온 잿의 눈물인가

훔치는 옷소매 눈물에 젖어든다

깨알의 기억

저무는 그믐의 옛날들인가
희미한 지난날 알 수 없고
기억도 기억 잃어 눈앞만 바라본다

잃은 기억들이 어느 것을 떠올릴까
인생이라 하기에 너무 먼 아픈 과거
어린 시절까지 들추며 그날로 가자 한다

혼자만의 그날이건 누가 나를 보아왔든
여기의 나 누구요 나 누구요
가물대는 깨알 기억에 잃어버린 상처

무엇하러 여기에 왔나 여기가 어디인가
내일은 있는가 인생 기후는 어떻게 될 것인가
가는 해 오는 해 창가에서 널을 뛴다

썰매의 노을

앞 논 얼음판 위
썰매 타는 아이들
산에 올라 내려보며
같이 타고 싶었고
같이 타고 싶었어도
땔 나무가 못 가게 했다

저녁나절 아이들
썰매 들고 들어오고
썰매 들고 나가는 나
누가 함께 놀아줄까
깨어지고 녹은 얼음
저녁연기 바라본다

마루 끝의 송년

우물 둥치의 다 털어낸 저 매화는
명년 봄 피울 꽃에 잠들어 있는데
뭉치고 끌리는 마루 끝의 이 늙은 몸은
다 털고 앉아 있어도 매화 꿈만 못 하구나

내 손으로 매달아놓은 대들보의 저 씨앗들
저 씨앗 바라보며 텃밭의 꿈도 꾸었건만
하루가 다르고 이틀이 다르게 험한 꿈에 시달리며
긴긴밤이 무섭고 가래에 기침까지 잠 못 들게 하는구나

저녁밥이라 디밀어놓고 내 방 찾지 않는 놈들
손주 놈 부르면 할미 냄새 싫다 울고
말을 하면 참견이라 하는 놈들 부르니 대답이나 하나
짝지어온 그 계집도 마찬가지로구나 몹쓸 놈 몹쓸 년덜

제3부

바다의 송년

검푸른 저 물결

한 해가 저무는가

노을 잃은 밤바다

거센 파도 부서진다

잠든 갈매기

가는 해를 아는가

스치는 바람 소리

밤 파도에 섞인다

새아기

너의 이름이 무엇이더냐
누가 불러 줄 너의 이름이고
네 자라난 너의 그 집
이제 너의 집이 아니란다
친정집이라 이름 붙여야 하고
너 살아야 할 이 집도
시댁이라 불러야 한다
그리고 식구들이 너의 이름을 못 불러
가족 촌수 호칭에 따라
아이 낳으면 그 아이의 이름 넣고
어른들이 불러야 할 누구 어멈
아니면 누구 부인 아이들은 누구 엄마
그것 말고 또 다른 호칭이 있지
먼발치서 일러두는
이 시할미 말 잘 들어
그것이 여자이고 시집이란다
우리 새아기 예쁘기도 하지
저렇게 예쁜 딸 낳아
길러준 너의 엄마에게
고맙구 미안하구나
이제 이 집이 너의 집이란다
어느 꽃이 예쁜들

우리 새아기만이나 할까
우리 새아기 예쁘기도 하지

가랑잎의 꿈

구르다 머문 이곳
겨울비는 눈보다
더 추운 것인가
눈이라도 내렸으면
이리 춥지 않을 것을

이 비 멎어 바람 불면
어디로 굴러가나
그곳에 눈 내리면
바람 불어도 시리지 않고
그러면 포근히 잠들 수 있겠지

송년의 일기

시간이 몰고 온 한 해가 저무는가

엊그제의 12월 그마저 며칠 남고

그믐날에 얹힌 마음 나이 찾아 숨어든다

무엇을 바라보다 다 보낸 시간들이었나

처음 날 1월은 그렇게 굵었는데

이제 가느란 실오라기가 되는 시간인가

그믐의 하루 더 짧은 해 서산에 물들이고

노을의 나뭇가지 어둠이 가린다

송년의 그리움

누가 나를 기억할까
초가의 옛날도
앞 냇가의 그날도

흐려진 동무 따라
기억에서 멀어지고

뛰어놀던 뒷동산
놀이의 그 나무 그네
지금도 하늘 높이 내가 먼저 떠오른다

인생의 송년

모아보려는 하루도 아니고
기다린 한 달 일 년도 아니다
모으고 기다렸다면 그 욕심 하나
욕심에 섞여 있는 것이 세월인 것을 누가 알았겠나
그저 채우기에 뼈마디 녹는 줄 모르고
밤과 낮을 바꿔가며 여기에 왔다

뒤 돌아 볼 새 없이 욕심에 얼룩진 시간
그 시간에 내 몸 한 번 제대로 돌아보았겠나
그 욕심 어디에 무엇을 채웠고
이제 모으려는 하루 한 달 일 년의 시간
모아도 내 것 아닌 욕심의 것도 아니다
서산 넘는 저 해의 속임의 것이다

어머니의 모습

어머니
더워도 덥지 않고
추워도 춥지 않던
옥양목 치마의 우리 어머니
여러 형제 우리들
이만큼 컸어요

솔까레 둥치 이고 오던
우리 어머니
빨래터에 얼음 깨던
우리 어머니
우리들은 손 시려웠어도
어머니 손은 안 시려웠지요

아픈 동생 업고 의원 집 찾던
우리 어머니
떠나는 동생 가슴에 묻고
새벽 첫닭 울음에
밤새우던 어머니도
첫닭과 함께 울으셨지요

덥고 추웠던 날

모깃불에 겨울 군불
저녁 뻐꾹새 울음까지
뽕잎 따던 우리 어머니
뜸북새 우는 들녘 새참 이고 가던
우리 어머니

비 오는 겨울

어둠침침 저 먹구름에 내릴

함박눈인가 싶더니

이 겨울 때 아닌

가랑비에 옷 젖는다

기다림의 함박눈

기다려지는 듯

디딘 길 쓸쓸히

진흙만 밟힌다

2016 . 12 . 26

서산의 그믐

그렇게 보낸 일 년이었나
하루 한 달 보내며
서산의 해 바라보기를
이제 마지막 달 찢을 달력 없고
그믐의 서산 붉게 물든다

힘들어 바라보고
깊은 생각에 보던 서산
송년의 서산은 더 붉게 노을 지나
나뭇가지에 걸친 날
저녁 바람에 쓸쓸하고

마지막 달 초저녁 밤
일 년이 모아진다
며칠이 아니라 몇 시간 남은 일 년
첫 달에 셀 수 없던 그 많은 시간들인가
일 년의 열두 달 어둠이 가린다

송년의 기억

가라 어서 떠나거라

잃어버린 시간은 너의 것이고

기억은 나의 먼 훗날의 것이란다

무엇을 버리고 잊어야 할까

가라 어서 떠나거라

먼 훗날 오늘이 너의 것이라면

버리고 잊은 것은 나의 것이란다

그날이 찾아오면 오늘이 기억될까

널뛰는 밤

보내고
찾아오고

올렸다
내려놓고

그믐밤
새해맞이

운명이
오고 간다

시간의 송년

지는 해
뜨는 해의
몇 시간 안 한 해인가

아침에 뜬
밝은 해에 마지막 날 지켜보고
저녁에 진
어두움에 일 년을 돌아본다

어두워도
보이는 일 년의 그 시간들
몇 시간 더 채워 내일 앞에 놓는다

새해의 길

보내지 않아도
떠나는 것이 세월이고
기다리지 않아도
찾아오는 것이 세월인가

꽃 피우려 왔다
지는 꽃에 가는 세월
새해가 부른 철새
어디쯤 오고 있나

새해의 첫날보다
그 다음이 기다려지는 마음
소원 빌며 디딘 길
다시 한 번 바라본다

고향의 새해

초가지붕의 하얀 아침
미루나무 위 까치 짖고
굴뚝 모퉁이 닭장 안
큰 수탉 울어댄다

부엌으로 광으로
쥐 손님 다녀갔나
흔적의 발자국
누가 지워줄까

추녀 끝 긴 고드름
툇마루 내려보고
그 잠깐 점심나절
녹으며 떨어진다

아가의 닭

아장아장 우리 아가
어디 가시나

흙 한 줌에 사금파리
가랑이 틀어진 줄 모르고

울 밑 닭 쫓아
개나리 나들이 가시나

어미 따라온 병아리
아가 무서워 어떻게 하나

아가보다 빠른 걸음
어미 닭 앞지르고

아가 뒤의 큰 수탉
못 본 척 와 쏘아댄다

새해의 인사

나 아는 사람
누구 있어요

내가 알아야 할 사람
누가 있고요

그렇게 변하는
차가운 세상

시절이 그리워
되돌아본다

셈의 설

스무날 남짓
설날이 며칠인가
비어 있는 나무 광에
곡간의 쌀독 가늠 되고
찧을 방아 없으니
삼월이 더 멀다

그믐 무렵에 공출의 이월
씨앗 넣는 삼사월
보리 밭떼기의 오뉴월
못자리에 모 침 찌니
어느새 뻐꾹새 우나
설 앞의 반년 왼 손가락에 접힌다

연기의 일기

아침 연기에 서럽고
저녁연기에 서글프다
군불에 따뜻했어도
마음이 시려웠던 날

긴긴밤 짧은 끼니
긴 밤의 그 끼니도
길을 수 없었는지

아침 잃은 죽 한 그릇
고드름에 매달리고
매달린 고드름
저녁연기 바라본다

고드름의 기억

2층 집이 없었던 시절
면사무소 사이렌 전망대가
하늘 높이 높았고
그 다음 우리 초가
그 까치집이 제일 높았다

고드름 고드름 수정 고드름 ~
높았던 추녀 끝에 매달린 고드름
고르고 고르다 작대기 올리고
올리다 조심스레
건드려 떨어졌다

그 겨울

손 시렵고
발 시렵다
이 추운 겨울
누가 춥지 않다 할까

두꺼운 옷
얇은 옷
꿰맨 옷
틀어진 옷

팔소매 코 문질러
번들번들하고
안 맞아도 걷어 올리면
그것이 맞는 옷이었다

싫어도 형아 옷 내려 입던 날
화롯불에 까막 고무신
우리 엄마가 꿰매어 주었고
누더기 옷이라도 주머니 많으면
그 울음 멈추고 웃음으로 입었다

제4부

고향의 산

나 어릴 적 저 산들이 그리 높았는데
앞 뒷산 먼 곳까지 안 다닌 곳 없었고
흐릿한 저 먼 산은 나물 뜯으러 갔었고
이쪽으로는 먹을 것 따러 벚 머루 다래
으름 넝쿨까지 찾아 다녔지
여름날 버섯 한 소쿠리 따다
보리쌀 하고 바꾸기도 했었고
이제 다 지나간 세월 나뭇짐에 꿈 묻던 날이었나
저 들녘 그 무렵 뻐꾸기 뜸북새 울어대는구나

산그늘

아침은 동쪽으로
점심나절 남쪽으로
서쪽 서산에 그림자 드리우면
시계가 없어도 시간이 가늠 되고
배고픈 듯 출출하면 더 맞아 떨어진다
그렇게 저렇게 조용했던 시간
살아온 그 세월에 지혜의 시계였나
시계 많은 지금보다 그 시절이 그립다

회고의 언덕

복숭아 살구꽃
사월의 내 고향
오월의 산기슭
찔레꽃 잠들고
다랑이 논 위 보리밭
바람에 나부낀다

잊으면 잊을까
버리면 버려질까
타향살이의 큰 한숨
코 끝 언저리 뜨겁고
감춰진 눈시울
찔레꽃 바라본다

돼지의 선달

며칠 있어 정월인가
그동안 기른 돼지 팔아야 하는데
잘 먹이지 못해 미안하기도 하고
정까지 들어 더 미안하다
그렇게 밥 달라 난리 쳐댔었는데

오늘이 그 돼지 장수 오는 날인가
저울 속임 잘한다는 그 돼지 장수 양반
팔아야 하나 말아야 하나
팔기는 팔아야 정월 명절 쇠는데
부르지 않은 그 양반 날 훤히 밝으니
새벽 문 두드리며 돼지 팔어라 한다

몇 근이나 나갈까 백 근은 넘을 것 같고
미리 알았더라면 한 끼니라도 더 먹였을 것인데
어쩔 수 없이 홍정의 홍정 끝에 근수 달아 팔고 나니
그 근수 기대의 근수에 속은 것 같고
돼지 장수 다리 묶어 자전거에 싣고 달아난다

받은 돈 맞나 다시 세어보는 돈
두 장 넘을까 침 퉤퉤 뱉으며 세어 넘기니
한 번은 안 맞고 두 번째에 맞는다

팔은 돈 이 돈으로 무엇부터 해야 하나
아이들 옷가지에 차례상 차려야 하고
나머지는 씨앗 넣을 봄 준비를 해야 하는데

셈으로 보아 아이들 월사금(등록금)까지 하면
빌린 돈도 그렇고 훨씬 모자란다
한 마리 더 사다 길렀으면 충분했을 것인데
그때 돈이 모자라서 더 못 샀던 것이 후회가 되는구나
이참에 오늘 그 주막집이나 가볼까
눈치 빠른 주막집 아주머니 문 앞 표정 읽더니
이쁜 말투에 술 한 됫박 더 퍼온다

설의 꿈

기우는 겨울 방학
기다림의 설 언제 돌아오나
나무 광 채우기에
방학 숙제 밀리고
등잔불에 앉으니
눈부터 감긴다

찢어진 벽의 달력
밥풀 떼어 더 문지를까
크레용으로 칠한 설날
할머니의 말이 맞는지
힘은 들어도 희망이 있는 날
그 하루가 이렇게 길기만 한 것인가

마음 한곳 근심에 밀려온 숙제
설 기쁨보다 가슴 두근 머리 아프고
설빔에 입을 옷 고무신도 기쁘지 않다
떡국에 뻥튀기 버무림 엿 조청
기쁨 속에 숙제의 근심 마음 한곳 짓누르고
수심의 엄마 마음 쌀바가지에 담긴다

운명의 설

모두가 새롭고
없던 길 놓여진다

찾지 않던 우리 고모
내 눈치가 맞을까

맞는다면 가야 하나
아니면 싫다 할까

두 어른 소근거림
안 들어도 들리고

보이는 산 앞 냇가
문 밖 하늘 멀어진다

버드나무의 꿈

지난 시간 기다리니

다시 올 수 있나

바라보면 볼수록

먼 시간 흐려지고

흐린 시간 맑아질까

춤 띄워 저으니

계절에 끊기다

그 세월에 묻힌다

노을의 고향

해 질 녘 서산의 해 하루 거둬 기울면

소 모는 아이들 논길 따라 들어오고

이 집 저 집 저녁연기 끊길 듯 흩어지면

담 넘어온 된장 내음 식구들 부른다

마당 끝 멀리 없어진 해 떨어졌나

땅거미 찾을세라 검둥개 바라보고

붉은 노을 더 짙어라 마음 올려 바라보면

검둥개 들어가자 앞서거니 끙끙댄다

소라의 바다

껍데기로 밀려와

거품 따라 휩쓸리고

그렇게 하얀 날에

어두운 밤도 있었다

겨울 역

바라만 보아도 가슴 시린 것이
잃어버린 운명의 겨울 역인가
스치는 바람마다 옷소매에 스며들고
아는 시간이어도 모르는 것처럼
철길 멀리 보는 눈 모아진다
얼마쯤인가 기적 버리고 떠나는 열차

다가오며 지나간 자리에 흔적 없고
몰고 온 바람만이 목도리 자락 뒤집는다
누구의 운명이 다음 열차에 실릴까
나서는 길 이리 갈까 목적지 없는 길
철길에 끄을린 마른 풀잎처럼
정거장 찬바람에 멍든 가슴 떨고 있다

눈물의 설

그믐의 눈물도

초하루의 기쁨도

울 뒤 미루나무 위

까치의 것이었고

저녁연기에 묻어오는

넉넉함과 부족함은

초하루 밤 아궁이 앞

누더기의 것이었다

화롯불의 그믐

내일이 그믐인가
모레가 초하룻날이고
그제 담근 떡쌀
어제 내려 뽑았는데
서너 됫박이 남을지
아니면 모자랄지
누가 그리 모인다고
많이 담궜나
욕심에 담궈본 쌀
두 됫박이면 되련만
없는 식구 알면서
그리 많이 담궜는지
남의 집 보낸 아이
모지리 둘째 놈
서울 공장에 셋째 년
차장 다니는 넷째 년
다 모아야 나까지
다섯 식구인데
뭘 얼마나 먹는다고
욕심내어 준비 했나
셋째 넷째 년은
잠만 자고 갈 것인데

남의 집 보낸 아이
망나니 손주 놈 많이 컸겠지
외할미가 뭔 소용이 있어
그 손주 놈이 보고 싶나
그래도 정 붙었다
작년 설에 울고 갔는데
일찍 떠난 영감 먼저 보내고
이 아이들 키우기를
내 얼마나 고생했나
품팔이에다 나물 뜯어 팔고
새우젓 장사로 안 다닌 집이 없었지
살면서 내 무시당하는 것은
그만두더라도 아이들 눈물에
살 떨어져 나가는 것 같았지
없는 것은 그리 많아
옷 얻어다 나 입고 아이들 입히면
철없는 아이들 안 입는다 투정하고
다니다 보면 부러운 집도 많았지
개 무서워 건너뛴 집
그 다음 집에 가면
그래도 없는 집이 없는 사정 알고
밥 한술에 고마워

못 잊을 집도 있었지
봄날에 여름 그리고 가을
덥고 춥던 날의 그 세월
저 아이들을 어떻게 키웠나
겨울이면 솔까래 긁어 이어 나르고
이제 다 그 세월에 묻어간 시간
몸뚱이 하나 믿은
이 몸뚱이에게 고맙고
흰 머리는 괜찮은데
몸살에 온몸이 자주 아프구나
마음 같지 않게 더 늙으면 어떻게 하나
이 설 지나면 한 살 더 먹는 건가
찔레꽃에 속아온 날
그 찔레꽃 다시 보고 싶구나

겨울 철새

보내서 왔는지
찾아야 했는지
얼음 물속 저으며
무엇인가 찾는다

찾는 것으로 보아
먹잇감인 것 같은데
물속 깊이 머리 넣고
헤엄치는가 하면

긴 다리의 두루미는
지켜서 들여다본다
얼어붙은 이 추운 겨울
무엇을 얻을까

구만리 날아 와
떠나야 할 철새
산목숨 부지하려
저리 저어 찾겠지

달력의 고향

쌓인 눈에 바람 불어 문풍지 울고
누가 오나 내다보면 아무도 없다
바람 설거지에 대문 삐걱 고드름 깨지는 소리
찢어진 창호지 틈새로 보면 누가 오지 않는 것인가
추워도 문간 검둥개 웅크리고 낮잠 잔다
화로 끼고 앉은 방 손 쬐고 얼굴 쬐고
심심하니 천장 올려 보면 옛날이 그려진다
그리다 지쳐 벽에 붙인 달력 보면

온갖 지난 일 울고 웃던 날
제사 날에 생일까지 절기가 읽어진다
이웃 제사 우리 큰일 집안 식구 내 생일
씨앗 넣고 모내는 날 보리 베고 벼 베고
절기가 읽어 주는 일 년 일이 가득한 날
없는 걱정 만들어 걱정해야 하고
방문 흔들리는 소리 처량도 하다
벌써 일 년 흰머리 한 줌 가는 세월에 얹는다

한약의 밤

머리띠 두르고
몇 날 며칠 앓는 소리
병 이름 모르고
아픈 곳만 알고 있다

침으로 약으로
한 가지 병에 만 가지 약
누구의 말이 옳고
어느 의원이 용할까

뜨락에서 다린 약
베 보자기로 내리고
내린 약 들여오니
소리 멈춰 눈 감는다

섣달의 꽃

때를 모르는 너
세월은 아는가
네 하얀 꽃 이름이
무엇이더냐

파란 줄거리의
좁쌀보다 작은 흰 꽃
추워도 너의 꽃은
영원하더냐

너의 꽃 바라보며
천만 년이 되고 싶고
네 그렇게 살았듯
그리 살고 싶구나

언니의 정월

좋아했던 이웃 오빠
뭐 하고 있을까
훤칠하니 큰 몸매에
일 잘하고 멋있고

두 집 건너 오동나무 집
담 높아 볼 수 없고
찾아갈 일 없으니
어떻게 볼 수 있나

그믐 지나 초하룻날
집에 오면 어떻게 하지
우리 아부지 찾아와
세배 드릴 것 같은데

숨어서 보아야 하나
방에 숨어 안 나올까
얼마 전 지날 적에
숨어 보았었는데

부엌 심부름시키면
내가 할 것을

그것도 우리 엄마가
차려 들여가겠지

삼월이 언제 오나
그러면 바구니 들고
나물 캐러 갈 것인데
바구니 들고 나물 캐고 싶어라

친구의 설

친구야
너와 나의 설 어떠했었지
그 뻥튀기 한 줌이 그렇게 소중했었니
엿 한 조각에 울고 웃어야 했고

때때옷 못 입어 양지 찾던 날
둘이는 그렇게 해 넘기를 기다렸지
아이들 볼까 부끄러워서

나 그 기억 아직 남아 있어
못 잊겠어 아니 잊을 수가 없지
저녁 무렵 집에 들어가기가 싫었고

이제 다 잊어도 되련만
너의 얼굴이 떠오를 때면
그날이 다시 떠올라져

서운하게 했던 어른들도 못 있겠어
뚜렷이 스쳐 갈 때마다
그 시간이 다시 찾아오는 것 같아

친구야 다 잊자 모두 이제 잊자

나 여기 그 양지에 찾아 와 있어
너와 내가 앉을 짚까리 쌓아놓고
메아리에 너의 이름 실리고 그 시간도 불러 놓았어

친구야 여기에 올 때
그 뺑튀기 한 줌 주머니에 넣어 와
엿은 매 맞을 수 있으니
뺑튀기 한 줌만 넣어 와

섣달 보름

섣달 보름 고요한 밤
초가에 참새 숨어
고온히 잠드는 밤
달빛 어린 건너 마을
개 우는 소리 처량하다(늙은 개는 늑대 소리를 내며 울기도 함)

저 달 보고 우는 개
보름달에 무엇이 들어 있나
기울며 비춰진
달빛 어린 하얀 세상
저 눈밭 위 흔적 누가 남길까

고향 길

개울 따라 오르며
봇물에 삽 씻고
징검다리에 앉아
구름에 발 담그던 길

풀 한 짐 내려놓고
풀잎 뜯어 입에 물면
어느덧 집에 온 듯
놓였던 논둑 길

성황당 지나
돌아가는 장터 길
책보자기 둘러메고
학교 가던 길

이제 잃었는가
아니면 잊혀졌나
타향살이에 늙은 몸
고향 찾아가자 한다

이 도서의 국립중앙도서관 출판예정도서목록(CIP)은 서지정보유통지원시스템 홈페이지(http://seoji.nl.go.kr)와 국가자료공동목록시스템(http://www.nl.go.kr/kolisnet)에서 이용하실 수 있습니다. (CIP제어번호 : CIP2017005872)

고향의 노을

초판 1쇄 발행 2017년 3월 27일

지은이 이원문 **펴낸이** 임정일
책임 임병천 **편집** 김지해, 김수경 **디자인** 이동헌

펴낸곳 책나무출판사
출판신고 2004년 4월 22일(제318-00034)

주소 서울시 영등포구 신길3동 325-70 3F
전화 02-338-1228 **팩스** 0505-866-8254
홈페이지 www.booktree.info

ISBN 978-89-6339-531-9 03810